Inhaltsverzeichnis

Seite

Anmerkung: Liebe Lehrkraft, wir möchten in unseren Materialien niemanden benachteiligen oder diskriminieren. Daher nutzen wir unter anderem das Gendersternchen, um alle Geschlechter anzusprechen. In Texten für Schüler*innen verzichten wir jedoch aus Gründen der besseren Lesbarkeit darauf und nutzen weiterhin entweder die „neutrale“ Form oder Doppelformen. Selbstverständlich sind stets alle Geschlechter gemeint.

Vorbemerkungen

Zum Lesen allgemein, Tipps und Tricks

Viele Kinder – und auch Erwachsene – eignen sich Texte nur mit großer Anstrengung an oder erschließen sie gar nicht. Die IGLU-Studie 2023 hat dies eindrucksvoll gezeigt. **Lesen** ist aber nicht nur der **Schlüssel zu Bildung,** sondern ermöglicht auch eine **gleichberechtigte Teilhabe am Alltag.** Wer das Lesen nicht beherrscht, kann zum Beispiel keine Straßenschilder entziffern oder nicht so einfach mit dem Bus fahren, weil der Fahrplan sich nicht entschlüsseln lässt. Selbst das Unterschreiben von Dokumenten kann nicht oder nicht adäquat erfolgen, weil der dazugehörige Text nicht verstanden wird. Und nicht zuletzt entfällt die gesamte Welt an Comics, Romanen und Krimis, die den Blickwinkel erweitern und die Fantasie anregen – und auch die Fähigkeit des Entschlüsselns informativer Texte und damit die Möglichkeit, sich **Wissen anzueignen.**
Gerade lebensnahe, spannende und auf die Lebenswelten von Kindern zugeschnittene Texte sind der Grundstein für den Erwerb von Lesekompetenzen. Es gibt also Gründe genug, solche Texte Einzug in den Unterricht finden zu lassen! Im Zuge der IGLU-Studie soll Leseförderung nun fächerübergreifend fest im Unterricht verankert werden. Bewährt hat es sich, dass die Schüler*innen drei- bis fünfmal pro Woche je 20 Minuten lang lesen – unabhängig vom Deutschunterricht. Dies stärkt nachweislich das **flüssige Lesen,** die **Dekodierfähigkeit** von Wörtern und das **Leseverständnis.**
Das vorliegende Material bietet eine **Auswahl an unterschiedlichen Texten und Textformen,** die genau darauf ausgelegt sind: Sie nehmen bzgl. der Wortanzahl und des Schwierigkeitsgrades zu, sind auf die Lebenswelten und Interessen der Kinder ausgelegt und wecken die Freude am (Weiter-)Lesen.
Um die 20 Minuten Leseförderung im Unterricht anzubahnen, bietet sich zunächst der Deutschunterricht an. Hier kann der Lesestand von allen Kindern ermittelt und die **Methoden zur Leseförderung** (s. u.) können geübt und gefestigt werden. Anschließend sollte die Leseförderung fachunabhängig ausgeweitet werden – für ein positives Ergebnis sollten die Kinder mindestens dreimal pro Woche und mindestens 15 Minuten lang lesen. Die Methoden eignen sich ebenso für DaZ-Kinder sowie Kinder mit LRS.

Ermittlung der Lesegeschwindigkeit und -genauigkeit

Eine gute Vorbereitung der Leseförderung seitens der Lehrkraft ist besonders wichtig. Diese sollte zunächst die **Lesegeschwindigkeit und -genauigkeit der Schüler*innen ermitteln.** Dazu kann sie die Schüler*innen bspw. eine Minute lang den jeweils gleichen Text lesen lassen und markiert sich dabei alle falsch oder holperig gelesenen Wörter. Anhand dessen teilt sie die Klasse in zwei Gruppen ein: Die erste Gruppe setzt sich aus dem schnellsten und besten Leser bis zum oberen Mittelfeld zusammen und die zweite Gruppe aus dem unteren Mittelfeld bis zum schwächsten Leser. Anhand dieser Einteilung können die Schülerpaare für die im Anschluss vorgestellten Methoden zusammengestellt werden.

Lesemethoden

Im Folgenden werden die verschiedenen **Lesemethoden kurz vorgestellt,** nach denen die Kinder in den 20 Minuten Lesezeit gefördert werden können. Bei der Textauswahl wurde darauf geachtet, dass kein Text mehr als 300 Wörter umfasst, sodass es den Schüler*innen möglich ist, ihn innerhalb von 20 Minuten mehrfach zu lesen. Die Texte sind nach Textart und Anzahl der Wörter und damit aufsteigendem Schwierigkeitsgrad sortiert.

Tandemlesen

Beim **Tandemlesen** finden sich immer zwei Schüler*innen zusammen. Sie bestehen aus **einem stärkeren und einem schwächeren Leser,** die „Trainer“ und „Sportler“ sind. Es bietet sich an, aus den beiden Gruppen jeweils die Kinder mit den besten Lesefähigkeiten zu kombinieren, dann die etwas schwächeren und so weiter. So ist das Leistungsgefälle zwischen den Schüler*innen nicht zu groß. Auf diese Weise werden alle Paare zusammengestellt.
Die Schüler*innen erhalten einen Text und **lesen ihn gemeinsam halblaut.** Dabei fährt der Trainer den Text mit dem Finger nach und passt sich dem Lesetempo des Sportlers an. Bei Fehlern verbessert der Trainer den Sportler und unterstützt ihn. Hat der Sportler einen Fehler gemacht, wird der Satz erneut gelesen und das falsch gelesene Wort verbessert. Wenn der Sportler sich sicher fühlt, gibt er dem Trainer ein Zeichen und liest allein weiter – bis er erneut einen Fehler macht. Dann steigt der Trainer wieder mit ein, bis der Sportler allein weiterlesen möchte. **So wird der Text insgesamt mindestens viermal gelesen.** Dadurch prägen sich die Wörter besser ein und können später auch in anderen Texten leichter dekodiert werden. Durch das halblaute Lesen fallen Fehler sofort auf und können verbessert werden.
Ein besonders wichtiger Punkt ist das **Loben:** Hat der Sportler gut gelesen oder seine Leistung verbessert, ist der Trainer angehalten, ihn zu loben.

Chorisches Lesen

Beim **chorischen Lesen trägt zunächst die Lehrkraft den Text einmal vor. Dann** liest die **gesamte Klasse gemeinsam** den Text. Dabei übernimmt die Lehrkraft die Führung und bestimmt das Tempo. Es ist wichtig, während des Lesens alle Kinder im Blick zu behalten und, wenn nötig, Unterstützung zu geben.
Alle **starten auf ein Signal** der Lehrkraft (z. B.: „Drei, zwei, eins!“) mit dem Lesen. Die Schüler*innen lesen nur so laut, dass sie die Lehrkraft noch hören können, und verfolgen den Text mit dem Finger. Es wird ein **Pausensignal** (z. B.: „Stopp!“) vereinbart, damit beispielsweise Seiten umgeblättert werden oder schwierige Stellen besprochen werden können. So wird außerdem sichergestellt, dass alle Kinder mitkommen. Anstelle der Lehrkraft kann auch ein Kind Lesechef*in sein und die Signale geben.
Tipp: Weitere Infos zu dieser und anderen Lautlese-Methoden finden Sie unter:
www.biss-sprachbildung.de/biss-lesefoerderung-hamburg/

Leserakete: Dies ist eine Lesehilfe für die Kinder. Wenn sie auf festeres Papier kopiert und ausgeschnitten wird, hilft sie dabei, in der Zeile zu bleiben und Wort für Wort zu lesen.

Eine besondere Schulstunde

154 Wörter

Die Klasse 1b ist verblüfft.
Aber alle Schülerinnen und Schüler freuen sich:
Die letzte Schulstunde vor den Osterferien dürfen sie draußen verbringen.
Zusammen gehen sie bis zum Stadtwald.
Das Wetter ist perfekt!
Der Frühlingswind weht sanft.
Es ist warm, aber nicht heiß.
Am Waldrand liegt frisch geschlagenes Holz.
Der Klassenlehrer sagt: „Sucht euch einen sauberen und trockenen Platz.
Setzt euch. Schließt die Augen.
Dann achtet auf alles, was ihr hören und riechen könnt."
Neugierig setzen sich die Kinder.
Was es wohl mit geschlossenen Augen zu entdecken gibt?
Vogelrufe.
Blätterrascheln.
Eine Hummel summt vorbei.
Von einem Holzstapel steigen angenehme Düfte auf.
Da ruft plötzlich eins der Kinder erschrocken:
„Herr Schmidt! Ich höre und rieche ganz viel.
Aber ich fühle auch etwas!"
Der Lehrer erkundigt sich freundlich: „Was spürst du denn?"
Das Kind springt auf und schreit: „Da laufen Ameisen in mein Hosenbein!
Ich glaube, ich habe mich in einen Ameisenhaufen gesetzt …!"

GeSCHIChTeN

Schnee zu Ostern

155 Wörter

Mirkos Mutter geht in das Zimmer ihres Sohnes.
Sie möchte ihn wecken.
Ausgerechnet am Ostersonntag hat es ganz früh geschneit.
Mit dieser Nachricht will sie Mirko überraschen.
Aber der Junge ist schon wach.
Mit finsterem Gesicht schaut er aus dem Fenster.
Viel Schnee liegt nicht, aber der Garten ist ganz weiß.
„Warum schaust du denn so traurig nach draußen?
Du freust dich doch sonst immer, wenn es schneit.
Weshalb ärgerst du dich heute darüber?“, staunt die Mutter.
Mirko murmelt enttäuscht: „Stundenlang habe ich gestern Ostereier bemalt.
Ich habe mir solche Mühe gegeben, Farben und Muster zu wählen.
Das sollte es schwer machen, die Eier draußen zu finden.
Die ganze Arbeit war umsonst.
Ich hätte die Eier einfach weiß lassen sollen.
Dann könnte man sie im Schnee ganz wunderbar verstecken!“
Mirkos Mutter meint tröstend: „Der Schnee schmilzt schon.
In zwei, drei Stunden ist er weg. Dann kann man gemusterte Eier
ganz wunderbar verstecken.“

Die Osterhasenparty

157 Wörter

Osterhasen haben rund um den Ostersonntag fürchterlich viel zu tun.
Das ist anstrengend.
Zum Ausgleich veranstalten sie nach dem Osterfest eine Party.
Die Osterhasen treffen sich dazu auf einer Lichtung im Wald.
Dort wachsen Gänseblümchen.
Die knabbern Osterhasen gern.
Alle anderen Speisen und Getränke werden mitgebracht.
Es gibt frische Möhren.
Allerdings ist es nicht einfach, Möhren so früh im Jahr zu beschaffen.
Eiersalat macht Henni Langohr, eine erfahrene Hasendame.
Sie kennt ein wunderbares Rezept.
Den Eierpunsch bringt Harald Hasenfuß in Flaschen mit.
Zum Glück ist er ein kräftiger Hase,
dem das Tragen nicht schwerfällt.
Rund um den Lieblingsliegeplatz von Heribert Hastig
wächst der süßeste Klee weit und breit.
Davon liefert er eine ordentliche Portion.
Wenn alle Hasen gegessen und getrunken haben, wird gespielt.
Jedes Jahr gibt es einen Wettbewerb.
99 rohe Eier werden in einer langen Reihe vorsichtig aufgestellt.
Alle Hasen müssen versuchen,
ganz behutsam über die Eier zu laufen.
Dabei darf keine Schale zerbrechen.

Ostern auf dem Dorf

188 Wörter

Nina besucht ihre Großeltern.
Sie wohnen in einem kleinen Dorf.
Dort soll Nina ihre Osterferien verbringen.
Sie staunt, als sie ankommt.
In ihrer Heimatstadt merkt man nichts davon, dass Ostern ist.
Nur die Schaufenster der Geschäfte sind voller Hasen,
Küken und Lämmer.
Aber der Dreck in den Straßen ist so schlimm wie immer.
Hier auf dem Dorf ist alles so sauber!
Nina gefällt das.
Nirgendwo liegt auch nur ein Fitzelchen Papier.
Alle Fenster scheinen frisch geputzt.
Die Vorgärten sind säuberlich geharkt.
Das große Kreuz auf dem Marktplatz ist mit einer Girlande
aus frischen Zweigen geschmückt.
Die Blumenkästen sind mit bunten Frühlingsblumen bepflanzt:
Narzissen, Hyazinthen und Tulpen.
Am Samstag vor Ostern fegen viele Leute noch einmal
den Gehweg vor dem Haus.
Oma sagt, sie tun das, damit man ein wirklich
schönes Osterfest feiern kann.
Nina fegt mit.
Sie nimmt den kleinen Handfeger und die Kehrschaufel dazu.
Opa arbeitet mit dem großen Straßenbesen.
Nina bringt die kleinen Dreckhäufchen auf dem Kehrblech zur Mülltonne.
Schließlich sagt Ninas Opa: „Alles ist sauber und Ostern kann kommen."
Nina nickt.
Opa hat recht: Alles sauber und bereit für ein Fest!

Kalle Karnickel wird Osterhase

198 Wörter

Ein Kaninchen ist kein Hase.
Es ist kleiner.
Das Schwänzchen, die Ohren und die vier Läufe sind kürzer.
Trotzdem sehen Hasen und Kaninchen einander ähnlich.
Vielleicht freundeten sich deshalb Helly Häsin und Kalle Karnickel an.
Jedenfalls war es ein großes Glück, dass das geschah!
Kurz vor Ostern hatte Helly nämlich einen Unfall.
Ein Hund riss sich von der Leine los und hetzte Helly über das Feld.
Die Häsin flüchtete.
Sie war schneller als der Hund, aber sie stolperte.
Helly humpelte danach stark.
Als sie nach der wilden Flucht hinkend heimkam,
sah Kalle sie schon von Weitem.
„Hast du dich verletzt? Was für ein Pech,
wo du doch morgen als Osterhäsin arbeiten musst!“,
meinte Kalle besorgt.
Helly runzelte die Hasenstirn und meinte:
„Es tut so weh! Ich kann nicht laufen.
Wo soll ich nur ganz schnell eine Vertretung für Ostern herbekommen?“
Kalle fragte: „Könnte ich dich vertreten?
Ich wollte schon immer einmal Ostereier ausliefern.
Malen kann ich nicht, aber Ostereier verteilen!“
So kam es, dass neben vielen Osterhasen auch einmal
ein Kaninchen Ostereier versteckte.
Vielleicht siehst du an einem Ostersonntag ein Kaninchen
in der Nähe von Ostereiern.
Dann weißt du jetzt, was zuvor passiert ist.

Das Osterfeuer

220 Wörter

Pia ist aufgeregt!
Sie darf heute ihrem Onkel Markus beim Osterfeuer helfen.
Pia hat schon einmal daran teilgenommen, aber nur als Zuschauerin.
Heute Abend geht sie an der Hand ihres Onkels
auf die Wiese neben der Kirche.
Zusammen mit anderen Helfern und Mitgliedern der freiwilligen Feuerwehr
wird dort Holz aufgeschichtet.
Ganz unten unter das Holz legen die Feuerwehrleute Grillanzünder.
Damit ist es ganz leicht, später alles in Brand zu setzen.
Die Arbeit wird immer erst am Nachmittag vor dem Ostersonntag gemacht.
Pia packt kräftig mit an.
Sie trägt Äste und kleine Baumstämme zum Feuerplatz.
Dort werden sie auf den Holzstoß gelegt.
Pia darf sogar mit ihrem Onkel während der Messe
in der Osternacht den Holzstoß bewachen!
Die beiden haben sich ein paar warme Decken mitgebracht,
denn die Frühlingsnacht ist kalt.
Manchmal dringt Gesang aus der Kirche bis auf die Wiese herüber.
Ein paar Mal schläft Pia ein, denn es ist spät.
Aber schließlich läuten die Kirchenglocken!
Die Osternachtsmesse ist vorbei.
Die Kirchenbesucher strömen aus der Kirche.
Sie wünschen einander „Frohe Ostern“ und kommen zum Feuerplatz.
Mit einer Fackel setzt Onkel Markus das Osterfeuer in Brand.
Die Flammen schlagen hoch in den sternenklaren Nachthimmel.
Die auffliegenden Funken sehen beinahe aus wie Sternschnuppen.
Begeistert schaut Pia zu. Sie ist stolz, dass sie bei den Vorbereitungen
für das Osterfeuer helfen durfte.

Der Osterbrief

233 Wörter

GESCHICHTEN

Lieber Opa!

In diesen Osterferien mache ich bei einem Projekt in unserer Gemeinde mit.

Wir sind eine Gruppe von zwölf Kindern.

Am Mittwoch in der Osterwoche haben wir uns zum ersten Mal getroffen.

An dem Tag haben wir geplant, was wir unternehmen.

Am Gründonnerstag haben wir nachmittags selber Brot gebacken.

Später haben wir das letzte Abendmahl nachgespielt,

so wie es in der Bibel steht.

Jesus hat dabei mit seinen Jüngern gegessen und getrunken.

Bei uns gab es natürlich keinen Wein, sondern Traubensaft.

Am Karfreitag haben wir eine Wanderung gemacht.

Dabei sind wir auch den Kreuzweg vor dem Dorf gegangen.

Unsere Gruppenleiter haben uns alle vierzehn Stationen erklärt.

Sie bestehen aus gemalten Bildern.

Jedes Bild ist an der Rückwand einer winzigen Kapelle befestigt.

Dargestellt ist die Geschichte, wie Jesus verurteilt und gekreuzigt wurde.

Am Samstag haben wir uns abends vor der Ostermette getroffen.

Da durften wir das Osterfeuer vorbereiten.

In unserer Gemeinde wird die Osternachtsmesse erst um 22 Uhr gefeiert.

Die Messe ist ziemlich lang, aber auch sehr schön, weil sie so feierlich ist.

Wenn sie zu Ende ist, geht die ganze Gemeinde ins Freie.

Dann wird das Osterfeuer angezündet.

Es gibt Ostereier und frisches Fladenbrot.

Alle wünschen einander „Frohe Ostern!“

Ich fand das Projekt toll!

Irgendwie verstehe ich jetzt besser, was Ostern gefeiert wird.

Vielleicht antwortest du mir und erzählst mir,

wie du die Ostertage verbracht hast?

Viele Grüße

Dein Jan

Osterglocken

250 Wörter

GeSCHICHTeN

Martin hilft gern bei der Gartenarbeit.
Aber in diesem Herbst hat er keine Lust. Der Tag ist trüb und nass.
Seine Mutter fragt: „Möchtest du denn nicht,
dass im Frühling schöne Blumen blühen?“
Martin meint: „Die erfrieren doch im Winter.
Es hat keinen Sinn, wenn wir jetzt blühende Blumen pflanzen.“
Aber seine Mutter hält ein Säckchen in die Höhe.
Darin befinden sich kleine braune Kugeln.
Sie erklärt: „Wir legen Zwiebeln in die Erde.“
„Wollen wir die nicht lieber zum Kochen verwenden?“, fragt Martin.
Seine Mutter lacht: „Die sehen zwar so aus wie Speisezwiebeln.
Aber diese Zwiebeln sind nicht zum Essen.
Schau mal die Abbildungen auf den Tüten an.
Die zeigen, wie die Blumen später aussehen werden.“
Die Mutter reicht Martin einige kleine Beutel.
Auf jedem ist ein Pappschild befestigt.
Martin staunt: „So viele verschiedene Blüten!“
Die Pappschildchen zeigen größere und kleinere Blumen.
Blassgelb, dottergelb, zitronengelb.
Seine Mutter erklärt: „Auf jeder Packung steht,
wie tief wir die Zwiebeln in den Boden legen müssen.
Dann bedecken wir sie mit Erde. So kann der Frost ihnen nicht schaden.
Im Frühling blühen sie etwa zu Ostern. Daher heißen sie Osterglocken.“
Martin runzelt die Stirn: „Läuten die etwa?“
Seine Mutter lacht: „Man bezeichnet sie als Osterglocken,
weil der innere Bereich der Blüte einer Glocke ähnelt.“
Plötzlich hat Martin doch Lust, bei der Gartenarbeit zu helfen.
Mit seiner Mutter legt er die Blumenzwiebeln in die Erde.
Anschließend brauchen sie von Oktober bis Ende März Geduld.
Denn dann kommen die Blumen aus der Erde und Ostern wird gefeiert!

Der Musterhase

251 Wörter

GESCHICHTEN

Der Osterhase Oswald war ein wenig anders als andere Hasen.
Er beschäftigte sich nicht das ganze Jahr damit,
sich neue Muster für Ostereier auszudenken.
Oswald liebte es zu wandern.
Er war ein Entdecker und immer neugierig. Oswald war dauernd unterwegs und stets offen für Neues. Die anderen Osterhasen fanden ihn merkwürdig.
Oft wurde er gefragt: „Willst du denn übers Jahr nicht üben, Eier zu bemalen?“
Alle anderen Osterhasen taten das. Oswald nicht.
In einem Frühling allerdings dachte er:
„Vielleicht macht es ja doch Spaß, Ostereier zu verzieren.
Ich sollte es wenigstens einmal versuchen.“
Oswald gefiel jedoch nicht, was er auf die Eier malte.
Deshalb lud er ein paar kleine Freunde ein und erklärte ihnen sein Problem.
„Ich bin ein Osterhase und normalerweise sollte ich zu Ostern
Eier schön bemalen. Aber ich kann das nicht. Helft mir, bitte!
Lauft einmal durch eine Farbe, die euch gefällt.
Krabbelt bitte über ein Ei. Eure Fußspuren werden dann ein Muster bilden.“
Oswalds Freunde wollten gern helfen.
Der Tausendfüßler stapfte durch einen blauen Farbklecks.
Die Schnecke schleimte durch einen roten Farbtupfer.
Der Marienkäfer tauchte seine Füße in gelbe Farbe.
Der Regenwurm entschied sich für ein zartes Rosa.
Dann flitzen alle über ein Ei. Sie hatten viel Spaß dabei!
Es wurde ein wundervolles Osterei!
Ganz zart zogen sich Tupfen und Streifen in gewundenen Linien darüber.
Oswalds Osterhasen-Kollegen versuchten, seine Technik nachzuahmen.
Aber mit einem Pinsel ging das nicht.
Wie man so fein ein Ei bemalt,
das blieb ein Geheimnis von Oswald und seinen kleinen Freunden.

Der Schaubrüter

256 Wörter

Am Ostermontag geht die ganze Familie in den Zoo.
Jenny liest am Eingang auf einer Tafel, welche besonderen Attraktionen es gibt.
„Mama, was ist ein Schaubrüter?“, erkundigt sie sich.
Ihre Mutter erklärt: „Man kann Eier automatisch ausbrüten lassen.
Dazu legt man sie in einen Brutkasten oder Brüter.
Darin werden die Eier warm gehalten. Ein Schaubrüter hat Wände aus Glas.
Deshalb kann man den Küken beim Schlüpfen zusehen.“
Jenny hat noch nie beobachtet, wie ein Küken schlüpft.
„Da will ich hin!“, ruft sie.
Gesagt, getan! Ein Tierpfleger spricht darüber, was im Schaubrüter passiert.
Jenny blickt fasziniert hinein.
Der Pfleger erklärt: „Aus dem Ei zu schlüpfen ist für ein Küken harte Arbeit.
Dazu macht es von innen eine Reihe kleiner Löcher in die Schale.
Anschließend werden Kopf und Hals nach oben gestreckt,
sodass die Eierschale entlang der Lochreihe reißt.“
Tatsächlich! Jenny kann an einem der Eier mehrere kleine Löcher entdecken.
„Womit macht das Küken die Löcher?“, will sie wissen.
Der Tierpfleger zeigt auf einen zweiten Glaskasten,
in dem flauschige Küken umherlaufen.
Er erklärt: „Die Küken haben einen Eizahn auf dem Schnabel.
Bei ganz jungen Küken kannst du diesen kleinen Zacken auf dem Schnabel
gut sehen. Später fällt er ab.“
Gespannt beobachtet Jenny im ersten Schaubrüter, wie ein Küken schlüpft.
Nachdem es die Eierschalen abgestreift hat, liegt es ganz erschöpft da.
Aber nach einiger Zeit bewegt es sich.
Der Tierpfleger fragt Jenny: „Willst du es hinübertragen in den anderen Kasten?“
Jenny nickt begeistert. Das flauschige Küken kuschelt sich in ihre Hand.
Dieses Gefühl wird Jenny nie vergessen!

GeSCHICHTeN

Diese verflixten Muster!

264 Wörter

Caro hat keine Lust, in die Küche zu gehen.
Gemeinsam mit ihren Geschwistern soll sie Ostereier bemalen.
Papa hat die Eier schon hart gekocht.
Auf dem Küchentisch liegen Zeitungen,
damit die Farbe nicht auf die Tischplatte tropft.
All das kennt Caro aus den letzten Jahren.
Leider erinnert sie sich auch daran, dass sie mit ihren Ostereiern nie zufrieden war.
Immer sahen die bemalten Ostereier ihrer Geschwister schöner aus als ihre!
Es lag Caro einfach nicht, schöne und säuberliche Muster zu malen.
Genau deswegen hat sie jetzt wenig Lust, es wieder zu versuchen.
Auf dem Weg in die Küche begegnet Caro ihrer Oma.
Oma fragt: „Hast du schlechte Laune?“
Caro erwidert: „Ich soll jetzt Eier bemalen. Das kann ich nicht.
Das macht mir keinen Spaß.“
Oma lächelt. „Ich glaube, ich habe da etwas für dich.
Etwas, das dir helfen könnte.“
Oma geht noch einmal zurück in ihre Wohnung direkt nebenan.
Sie kommt mit einem merkwürdigen kleinen Apparat wieder.
Neben Caro setzt sie sich an den Küchentisch.
Behutsam nimmt Oma ein hart gekochtes Ei.
Sie klemmt es zwischen zwei Gummipolster in den Apparat.
So sitzt es fest.
Oma erklärt: „Mit dem Ding kann man die schönsten Eier bemalen.
Das hat dein Vater früher auch immer benutzt, Caro.
Du musst nur die Kurbel drehen und den Pinsel an die Schale halten.
So bekommst du die schönsten Ringelmuster!“
In diesem Jahr macht Caro das Bemalen der Ostereier wirklich Spaß!
Ihre Eier erkennt man an den bunten Streifen auf der Schale.
Die sehen toll aus!
„Oma, du bist die Größte!“, freut sich Caro über ihren Erfolg.

Die Osterüberraschung

271 Wörter

Marco war enttäuscht. Seit einer halben Stunde suchte er nach Ostereiern.
Seine Schwester Marie durfte in der linken Gartenhälfte nachsehen,
er auf der rechten Seite. Maries Körbchen war gut gefüllt.
Ein großer Schokoladen-Osterhase, mehrere kleine Ostereier
und sogar ein kleiner Stoffhase lagen darin.
Auf seiner Gartenseite hatte er ebenfalls einen großen Schoko-Hasen gefunden.
Auch ein paar Schokoladeneier. Aber als Marco den Plüschhasen ansah,
wurde er neidisch. Etwas so Schönes war für ihn nicht versteckt worden.
Marco wollte den Ostersonntag nicht verderben.
Er war drei Jahre älter als seine Schwester.
Darum ließ er sich nicht anmerken, dass er auf das Kuscheltier ein wenig
eifersüchtig war.
Marco beendete seine Suche. Er ging zurück auf die Terrasse.
„Bist du sicher, dass du alles gefunden hast?“, wollte seine Mutter wissen.
Marco nickte. Bloß nichts sagen. Dann konnte man bestimmt hören,
dass er unzufrieden war.
Da sah er, wie sein Vater mit dem Daumen in Richtung Garage deutete.
Ein kleiner Weg führte aus dem Garten dorthin.
Da hatte Marco wirklich nicht gesucht. Er ging hinüber und blieb
nach wenigen Schritten stocksteif stehen. Dort stand ein Kaninchenstall!
Darin waren zwei niedliche Kaninchen.
„Möchtest du Moppel und Stups nicht kennenlernen?“, fragte Marcos Vater.
Marco brachte nur zwei Worte hervor: „Für mich?“
Er hatte sich schon lange ein Haustier gewünscht.
Seine Eltern hatten viel darüber gesprochen, dass Tiere kein Spielzeug sind.
Seine Mutter erklärte: „Ja. Das ist dein Geschenk, aber auch eine Aufgabe.
Du hast jetzt die Verantwortung dafür, dass es den Kaninchen gut geht.
Willst du immer gut für deine Haustiere sorgen?“
„Ganz sicher!“, erwiderte Marco entschlossen.
Sein Neid auf den Stoffhasen war jedenfalls total vergessen.

Eiertitschen

273 Wörter

GESCHICHTEN

Zu Ostern ist der Frühstückstisch für die ganze Familie toll gedeckt.
Bald beginnt wie jedes Jahr der besondere Wettkampf: das Eiertitschen.
Auf dem Tisch steht ein Korb mit Ostereiern. Jeder wählt ein Ei.
Dann sucht man sich einen Gegner und schlägt die Eier gegeneinander.
Wessen Ei dabei heil bleibt, der gewinnt.
Opa Karl ist dabei nicht zu schlagen.
Mirjam wundert sich, wie er es schafft, jedes Jahr zu gewinnen.
Ihr Großvater behauptet: „Ich kann einem Ei ansehen, ob es eine harte Schale hat."
Ob das stimmt? Mirjam hat ihre Zweifel.
Außerdem erinnert sie sich, dass Opa Karl auch letztes Jahr ein dunkelblaues Ei benutzt hat.
Mirjam grübelt. In diesem Jahr waren gar keine dunkelblauen Eier beim Färben dabei.
Woher kommt also das Sieger-Ei von Opa Karl? Ob er es mitgebracht hat?
Irgendwann ist das Spiel vorbei.
Entschlossen greift sie nach dem dunkelblauen Sieger-Ei.
Es ist viel schwerer als die anderen Ostereier im Korb.
Sie klopft einmal fest damit auf den Tisch. Das Ei zerbricht in zwei Hälften!
„Opa!", ruft Miriam vorwurfsvoll. „Du hast all die Jahre geschummelt!
Du hast uns mit einem Gips-Ei beim Eiertitschen geschlagen."
Der alte Mann lacht gutmütig und meint: „Ich habe mich immer gefragt, wann ihr mir auf die Schliche kommt.
Herzlichen Glückwunsch zu deiner guten Beobachtungsgabe, Mirjam!
Vielleicht willst du ja später zur Polizei gehen.
Du kommst bestimmt jedem Trickbetrüger schnell auf die Spur."
Irgendwie ist niemand Opa Karl nach diesen Worten böse.
Mirjam ist stolz darauf, dass ihr Großvater sie gelobt hat.
Sie knabbert eine Scheibe vom Osterzopf.
Dabei denkt sie darüber nach, wie es wohl wäre,
als Kommissarin echten Verbrechern auf die Spur zu kommen.

Zauberklee

273 Wörter

Ludwig war bei der Osterhasenprüfung wieder durchgefallen.
Osterhasen müssen blitzschnell laufen können.
Sie rennen so flott, dass niemand sie bemerkt.
Das hatte Ludwig nicht geschafft. Niedergeschlagen ging er heim.
Sein Opa erwartete ihn am Rand des Kleefeldes.
„Ludwig! Lach doch mal!", forderte ihn der Opa auf.
„Keine Lust", knurrte Ludwig. Da wusste der Opa Bescheid.
Er fragte: „Wieder zu langsam bei der Prüfung gelaufen?"
Ludwig nickte missmutig.
Der Opa lachte: „Mein Vater war zu langsam. Ich auch. Dein Vater ebenfalls.
Das liegt in der Familie. Wir sind zuerst alle durch die Laufprüfung gefallen."
„Aber ihr habt doch als Osterhasen gearbeitet", wunderte sich Ludwig.
Der Opa erklärte: „Wir kennen ja auch ein Hilfsmittel."
Er deutete mit seiner Hasenpfote über das Kleefeld.
„Suche dir jedes vierblättrige Kleeblatt auf diesem Feld.
Friss es. Danach bist du schnell wie der Blitz.
Aber du musst wirklich alle vierblättrigen Kleeblätter finden. Sonst klappt es nicht."
Das ließ sich Ludwig nicht zweimal sagen.
Das Kleefeld war groß. Zwei Wochen lang schoss der junge Hase eilig
auf dem Feld hin und her, um tatsächlich jedes vierblättrige Kleeblatt zu finden.
Die nächste Laufprüfung in der Osterhasen-Schule bestand er mit Leichtigkeit!
Glücklich hopste Ludwig danach heim und rief schon von Weitem:
„Opa! Die Kleeblätter haben gewirkt!"
Da erklärte sein Großvater: „Nein, das hast du ganz allein geschafft, Ludwig.
Kleeblätter machen keinen Hasen schneller. Aber wenn du bei deiner Suche
tagelang über ein großes Feld rennst, bist du anschließend topfit.
Du brauchtest nur Training, kein Wunder."
Ludwig begriff, dass sein Opa ihn mit dem angeblichen Zauberklee
angeschwindelt hatte. Aber geholfen hatte er ihm schon.
Daher lachten der alte und der junge Hase gemeinsam.

Freunde helfen

277 Wörter

GESCHICHTEN

Osterhasen sind eigen. Weil sie für die Menschen arbeiten, halten sie sich von anderen Tieren fern. Frieda Osterhase wurde von ihren Artgenossen oft getadelt, weil sie mit allen Tieren in der Nachbarschaft gut befreundet war.
Das änderte sich nach dem Hochwasser. Die Osterhasen-Insel lag mitten in einem Fluss. Hier leben die Tiere das ganze Jahr über verborgen.
Kurz vor Ostern hatte der Fluss Hochwasser.
Wo die Hasen sonst mit ein paar Hopsern von Stein zu Stein ihre Insel verlassen konnten, strömte nur Wasser! Die Osterhasen waren verzweifelt!
Wie sollten sie ihre Eier verstecken, wenn sie die Insel nicht verlassen konnten?
Sie versammelten sich für ein Krisentreffen.
Dabei meinte Frieda: „Ich weiß, wer uns helfen könnte.
Wir fragen die Gänse, Biber und Otter.
Auch wenn es für Osterhasen ungewöhnlich ist, bin ich mit all diesen Tieren befreundet. Sie helfen, wenn ich sie darum bitte."
Alle Osterhasen bekamen daraufhin rosafarbene Ohrspitzen.
Das passiert nämlich, wenn ein Hase sich schämt.
Die Osterhasen begriffen schnell, dass sie nur mit Hilfe der anderen Tiere zu Ostern ihre Eier liefern konnten.
Es war also gut, dass Frieda sich mit den Tieren am Fluss angefreundet hatte.
Viele Osterhasen kamen zu Frieda und murmelten eine Entschuldigung für ihr früheres Verhalten.
Tatsächlich konnten die Osterhasen trotz Hochwasser pünktlich liefern.
Einige überquerten den Fluss mit Hilfe der Gänse, die die Hasen auf dem Rücken trugen.
Andere benutzen eine Brücke, die die Biber gebaut hatten.
Die Otter achteten darauf, dass alle Hasen heil ans andere Ufer kamen.
Von da an bekam Frieda nie wieder zu hören:
„Anständige Osterhasen bleiben unter sich!"
Alle Tiere am Fluss und auf der Osterhasen-Insel hielten von diesem Tag an zusammen und waren einander gute Nachbarn.

Osterlämmer

298 Wörter

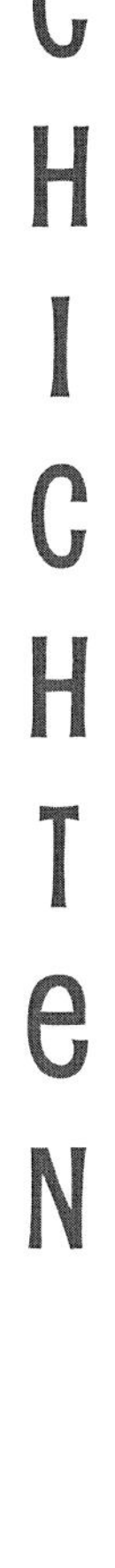

Robin ist enttäuscht. Die Familie wollte Skiurlaub in der Schweiz machen.
Aber es liegt kein Schnee und zum Wandern hat Robin keine Lust!
Er sitzt in der Ferienwohnung und langweilt sich.
Plötzlich hört er ein Blöken und schaut aus dem Fenster:
Ein Mann treibt eine Schafherde vor sich her.
Er trägt ein Lamm! Das Lamm liegt ganz still in seinen Armen.
Robin flitzt aus der Ferienwohnung.
Unschlüssig steht er vor der Scheune nebenan.
Da kann man doch nicht einfach hineinlaufen, oder?
Da tritt der Schäfer vor die Tür.
Robin ist neugierig. Er fragt: „Geht es dem Lamm gut?"
Der Schäfer nickt. „Magscht luege?", erkundigt er sich.
Oje! Was hat er gesagt? Robin versteht das Schweizerdeutsch oft nicht.
Es klingt ganz anders als das Deutsch, das er spricht.
Da lacht der Schäfer. Gut verständlich fragt er noch einmal: „Magst du dir das Lamm ansehen? Es geht ihm gut. Es wurde gerade erst geboren.
Es kann noch nicht gut laufen. Deshalb habe ich es getragen."
Robin nickt. Aber dann fällt ihm etwas ein: Er soll keine Fremden begleiten!
Deshalb sagt er: „Ich hole meinen Vater. Der mag Lämmer auch."
Schnell kommt Robin mit seinem Vater zurück.
Der Schäfer deutet nach hinten in den Stall.
Dort steht das Lamm inzwischen auf eigenen Beinen.
Es sieht unglaublich niedlich aus!
Robin und sein Vater sind still, um das Lamm nicht zu verängstigen.
Robin bedankt sich herzlich für das tolle Erlebnis bei dem Schäfer.
Der sagt: „Jetzt werde ich wohl jeden Abend Lämmer heimtragen müssen.
Die kommen in der Osterzeit zur Welt. Vielleicht magst du mir ja einmal helfen?
Mit dem Skifahren wird es dieses Jahr wohl nichts. Bring deinen Papa mit.
Die Weide liegt vor dem Dorf an der Hauptstraße."
Von diesem Tag an fand Robin den Urlaub überhaupt nicht mehr langweilig!

Woran man Osterhasen erkennt

116 Wörter

1.
Woran erkennt man Osterhasen?
Sitzen die komisch auf dem Rasen?
Hocken die etwa gebückt,
weil das Eierkörbchen drückt …?

2.
Woran erkennt man Osterhasen?
Etwa an den rosa Nasen,
die – schaut man mal genauer hin –
wirklich hübsch und niedlich sind …?

3.
Woran erkennt man Osterhasen?
Weil die in ihrem Job so hasten,
dass man sie immer flitzen sieht,
da Arbeitszeit so schnell verfliegt …?

4.
Osterhasen finden?
Das gelingt fast nie.
Rechne also nicht damit,
dass du je einen siehst.
Doch was sie tun, das ist ganz klar:
Sie bringen Eier, jedes Jahr.

5.
Sie leben nun mal gut versteckt,
weshalb man sie fast nie entdeckt.
Wichtig ist, sie liefern Eier
stets pünktlich zur Osterfeier.

Über Ostereier

119 Wörter

Jedes Jahr zu Ostern ess' ich zur Osterfeier
ein paar herrlich bunte, leckere Ostereier.

Natürlich koch' ich die erst hart, bevor ich sie bemale.
Danach gestalt' ich kunstvoll ihre äuß're Schale.

Anschließend freu' ich mich darauf, sie endlich zu verspeisen.
Dazu kenn' ich mehrere, ganz verschied'ne Weisen.

Mal schneid' ich sie in Scheiben, auf Brot leg' ich sie dann.
Mal beiß ich so hinein, dass ich sie pur genießen kann.

Ein paar Körnchen Salz, einfach aufs Ei gestreut,
auch das ist etwas Leckeres, das den Gaumen freut.

Bisweilen löffle ich mein Ei direkt aus der Schale.
So bleibt beinahe heil, was ich zuvor bemale.

Ich könnte wirklich schwören: Zu Ostern schmeckt ein Ei,
als ob es das Beste aller Festessen sei!

Osterhasen liefern

148 Wörter

Am Ostersonntagmorgen hoppeln Osterhasen
mit ihren Eierkörbchen eifrig übern Rasen.

Sie liefern bei Schnee, Regen und Wind,
weil sie ganz unerschrocken sind.

Am Ostersonntagmorgen hoppeln Osterhasen
mit ihren Eierkörbchen eifrig übern Rasen.

Sie liefern froh, scheint früh die Sonne,
denn dann ist die Arbeit eine Wonne.

Am Ostersonntagmorgen hoppeln Osterhasen
mit ihren Eierkörbchen eifrig übern Rasen.

Sie liefern gerne in Stadt und Land,
auf Wiese, auf Acker … oder auf Sand.

Am Ostersonntagmorgen hoppeln Osterhasen
mit ihren Eierkörbchen eifrig übern Rasen.

Sie liefern pünktlich – das ist klar.
Sie üben schließlich übers Jahr.

Am Ostersonntagmorgen hoppeln Osterhasen
mit ihren Eierkörbchen eifrig übern Rasen.

Sie liefern leise und meist unentdeckt,
weil Überraschung nun mal besser schmeckt.

Am Ostersonntagmorgen hoppeln Osterhasen
mit ihren Eierkörbchen eifrig übern Rasen.

Sie liefern lecker, sie liefern schön,
wenn sie auf ihre Touren gehn.

Am Ostersonntagmorgen hoppeln Osterhasen
mit ihren Eierkörbchen eifrig übern Rasen.

Lamm und Löwenzahn

159 Wörter

Zu Ostern kommen jedes Jahr viele Lämmer auf die Welt.
Kaum haben sie sich wackelig erst einmal aufgestellt,
schauen sie sich staunend auf ihrer Weide um:
Ein junges Lamm weiß gar nichts, es ist noch etwas dumm.
Doch es lernt schnell dazu. Die Mama hilft dabei,
damit es gut versorgt und immer sicher sei.

Schon bald zeigt jedes Mutterschaf seinem geliebten Kind,
welche grünen Kräuter als Futter gut geeignet sind.
Sauerampfer schmeckt recht streng.
Die Brennnessel brennt auf der Zunge.
Die Butterblume ist echt lecker. Der Thymian stärkt jede Lunge.
Vor allem gibt es Gras, Gras, Gras und natürlich dazu Klee.

Doch bald kann man die Lämmchen vor allem knabbern seh'n,
immer wenn sie hungrig über grüne Wiesen geh'n,
am Löwenzahn, der blüht zu Ostern reichlich auf den Weiden.
Den können alle Schafe wirklich sehr gut leiden!
Es ist fast ein kleines Wunder, schaut es euch nur an:
Nicht Löwen fressen Schafe – das Lamm frisst Löwenzahn!

Eier verstecken

163 Wörter

Wer Ostern die Eier am besten versteckt,
sorgt dafür, dass man sie nicht leicht entdeckt.
Dann freut sich der Finder wirklich am meisten,
denn so heißt *zu finden* auch, *etwas leisten.*
Ein Osterei liegt im Blumenbeet,
eins genau da, wo der Blumentopf steht.
Eins liegt zwischen den Wurzeln der alten Buchen.
Das wird man sicher ewig lang suchen!
Ein Ei landet sanft neben dem Teich,
eins im Moospolster – grün und so weich.
Ein Ei verschwindet in den Blaukissen,
ein anderes zwischen den gelben Narzissen.
Der Stiefel aus Gummi – ein tolles Versteck!
Hoffentlich wird das Ei dort rechtzeitig entdeckt.
Ein Ei wird im Schuppen untergebracht.
Mit dem Nächsten werden die Nachbarn bedacht.
Hoffentlich geht's nicht wie im letzten Jahr,
als es auch im Mai noch nicht gefunden war …
Eierverstecke gibt's in Masse.
Manche sind einfach, manche sind klasse.
Ich jedenfalls bin gern dabei,
suche mir auch ein Osterei.
Doch auch Verstecken macht mir viel Spaß,
und manchmal tue ich lieber das.

Eier legen

170 Wörter

1.
Die Henne schaut sich gründlich um:
Sie sucht nach etwas Stroh.
Im Stall, da liegen Halme rum.
Das Huhn sammelt sie froh.

2.
Im Hühnerstall ganz hinten rechts
baut das Huhn aus Stroh sein Nest.
Da ist es dunkel. Man sieht schlecht,
sodass sich prächtig legen lässt.

3.
Das mag das Huhn, denn es sitzt nun
viele Stunden ganz, ganz still,
wie Hühner das beim Legen tun,
weil gut Ding Weile haben will.

4.
Nach jedem neu gelegten Ei
reckt sich die Henne, gackert laut.
Sie feiert es mit viel Geschrei,
bis der ganze Hühnerhaufen schaut.

5.
Das geht ein paarmal so und dann
ist das Nestchen voll belegt.
Es fängt das Huhn zu brüten an,
wobei es sich fast nicht bewegt.

6.
Achtundzwanzig Tage sitzt es still,
es brütet, steht nur auf zum Fressen
oder wenn es trinken will.
Ansonsten wird gesessen.

7.
Das endet, wenn die
Küken schlüpfen.
Dann hat die Henne viel zu tun,
weil sie den ganzen Tag rumhüpfen
und scheinbar niemals ruh'n.

Eier bemalen

219 Wörter

Ostereier schön verzieren – das macht wirklich Spaß.
Du glaubst es nicht? Na warte! Ich beweis dir das!

Wie du dein Osterei gestaltest, ist einzig deine Sache.
Wichtig ist, dass das Schmücken dir viel Freude mache.
Punkte, Striche, Kleckse oder auch Spiralen,
du kannst ganz viele herrliche Muster darauf malen.
Vielleicht nimmst du den Pinsel, ein Filzstift tut es auch.
Mancherorts malt man mit Wachs, das ist ein alter Brauch.

Ostereier schön verzieren – das macht wirklich Spaß.
Du glaubst es nicht? Na warte! Ich beweis dir das!

Du färbst Ostereier gern einfarbig ein?
Dann wird wohl ein Tauchbad dafür das Beste sein.
Bevor ein Ei in Farbe taucht, kleb Kräuter kurz darauf.
Dann spart die aufgetrag'ne Farbe den Umriss einfach aus.
Ist die Tauchbadfarbe trocken, zupfe ab das Kraut.
Wo es vorher klebte, siehst du nun weiße Haut.

Ostereier schön verzieren – das macht wirklich Spaß.
Du glaubst es nicht? Na warte! Ich beweis dir das!

Und für alle jene, die nie Muster erfinden
gibt es Traditionen, die genau verkünden:
„Hier in unserer Gegend ist's ein Osterei nur dann,
wenn man's an seinem Muster sofort erkennen kann!"
Man malt nur nach, man malt nur ab,
was es schon lange zuvor gab …

Ostereier schön verzieren – das macht wirklich Spaß.
Du glaubst es nicht? Na warte! Ich beweis dir das!

Hasen und Eierlegen ...?

107 Wörter

Sachtexte

Natürlich legen Hasen keine Eier!
Hasen sind Säugetiere.
Ihr Nachwuchs entwickelt sich bis zur Geburt im Körper der Mutter.
Säugetiere bringen ihre Jungen lebend zur Welt.
Sie heißen deshalb Säugetiere,
weil in den Milchdrüsen der Weibchen Milch hergestellt wird.
Damit ernähren sie ihre Jungen.

Zwei wichtige Merkmale von Säugetieren sind:
Sie haben Haare und einen warmen Körper.

Dass Hasen Eier legen, stimmt also nicht.
Das ist ein Ostermärchen.

Aber es gibt keine Regel ohne Ausnahme:
Schnabeltier und Schnabeligel sind eierlegende Säugetiere.
Sie leben in Australien.
Obwohl sie ihre Jungen mit Milch ernähren, legen sie Eier!
Übrigens: Mit Ostern haben beide nichts zu tun.

Eier färben mit Abfall

136 Wörter

Am besten beginnst du schon vor Ostern damit,
bestimmte Küchenabfälle zu sammeln.
Mit ihnen kannst du Eier umweltfreundlich färben.
Du benötigst bloß einige Zwiebelschalen.
Je mehr Schalen du verwendest,
desto stärker fällt die Färbung aus.
Die Eier werden einfach mit den Zwiebelschalen
in einen Topf mit kochendem Wasser gegeben.
Darin werden die Ostereier hart gekocht.
Durch die Zwiebelschalen bekommen die Eier eine sattgelbe Farbe.
Diese Färbung kommt auf weißen Eiern besser zur Geltung
als auf braunen Eiern.
Wenn du auf die Schale einen kleinen Schnabel und ein paar Augen malst,
hast du ganz schnell ein paar hübsche „Osterküken" gebastelt.
Du kannst natürlich auch die Zwiebelschalen-Färbung
als Grundierung nutzen.
Darauf kannst du dann weitere Muster malen.
Sei vorsichtig, wenn du die Eier aus dem Farb-Bad holst,
du bekommst ganz schnell gelbe Finger dabei!

Warum sind Eier an Ostern so wichtig?

142 Wörter

Sachtexte

Eier gelten als Zeichen für Fruchtbarkeit.
Viele Tiere schlüpfen aus einem Ei.
Zu Ostern feiern die christlichen Kirchen die Auferstehung
von Jesus Christus.
Es ist ein Fest des Lebens.
Somit passen Eier gut dazu.
Außerdem haben früher die Hühner im Winter keine Eier gelegt.
Ihnen war kalt und ihre Ställe waren dunkel.
Dann stellten die Hennen die Eiproduktion ein.
Aber etwa zur Osterzeit im Frühling beginnen sie wieder mit dem Eierlegen.
Auch dies ist ein Grund, weshalb Eier gut zum Osterfest passen.
In vorchristlicher Zeit wurden in Europa überall Frühlingsfeste gefeiert.
Die kalte Winterzeit war vorüber.
Es gab wieder mehr zu essen.
Die Menschen freuten sich,
wenn sie den bedrohlichen Winter überstanden hatten.
Manche Bräuche dieser Frühlingsfeste wurden später
im christlichen Osterfest weiter gepflegt.
Dazu gehören das Verspeisen von Eiern
und das Entzünden von Osterfeuern.

Warum versteckt man die Ostereier überhaupt?

146 Wörter

Sachtexte

Einen richtig guten Grund dafür gibt es nicht.
Allerdings verstecken viele Tiere ihre Eier.
So werden sie nicht von Feinden gefressen.
Vielleicht ahmt man zu Ostern mit dem Verstecken von Eiern einfach das Verhalten der Tiere nach.
Außerdem macht es viel Spaß, nach etwas zu suchen.
Zudem bleiben Osterhasen geheimnisvolle Wesen, wenn ihre Geschenke in Verstecken liegen.
Möglicherweise hat sich auch deswegen der Brauch entwickelt, Ostereier zu verstecken.
Eine weitere Theorie geht bis ins Mittelalter zurück.
Damals wurde vor Ostern streng gefastet.
Die Menschen durften in der Fastenzeit keine Eier essen.
Einige Hühner legten aber trotzdem Eier.
Damit sie nicht schlecht wurden, kochten die Menschen sie und vergruben sie in der Erde.
Die Erde diente als Ersatz für den Kühlschrank.
Auch wurden die Eier schon im Mittelalter eingefärbt.
Die Farbe half, die älteren Eier von den frischen Eiern zu unterscheiden.

Was haben Hasen mit Ostern zu tun?

158 Wörter

Eigentlich haben Hasen nichts mit Ostern zu tun.
Trotzdem gibt es Geschichten und Bilder vom Osterhasen schon seit etwa 400 Jahren.
Ostern wird im Frühling gefeiert.
Das ist die Zeit, wenn die Welt wieder grün wird.
Alles wächst.
Junge Tiere kommen zur Welt.
Etwa zur Osterzeit kann man deutlich sehen, wie fruchtbar Pflanzen und Tiere sich vermehren.
Hasen sind ein Zeichen, ein Symbol für Fruchtbarkeit.
Sie können sich sehr schnell fortpflanzen, wenn die Umstände gut sind.
Hasen gehören nach dem kalten Winter zu den ersten Tieren, die Junge bekommen.
Außerdem gelten Hasen als friedlich.
Sie laufen davon, bevor sie sich wirklich streiten.
Der Friede wiederum gehört ganz fest zum Christentum.
Jesus wird von den Christen als Sohn Gottes verehrt.
Er ruft zum Frieden auf und dazu, dass Menschen einander lieben.
Als Symbol für Fruchtbarkeit und Frieden passt der Hase gut zum Frühlingsanfang und zum wichtigsten Fest der christlichen Kirchen: zu Ostern.

Was genau feiert man zu Ostern?

173 Wörter

Ostern ist ein christliches Fest.
Menschen feiern es auf der ganzen Welt.
Sie glauben daran, dass Jesus Christus vor etwa 2000 Jahren geboren wurde und für alle Menschen gestorben ist, um sie von ihren Sünden zu befreien.
Die Bibel ist das wichtigste Buch der Christen.
Darin gibt es Berichte darüber, was damals geschehen sein soll.
Am **Gründonnerstag** traf sich Jesus zum letzten Mal mit seinen Freunden zum letzten Abendmahl.
Bevor er mit ihnen gemeinsam speiste, wusch er ihnen die Füße.
Damit zeigte er, wie sehr er sie schätzte.
Am **Karfreitag** wurde Jesus zum Tode verurteilt, durch römische Soldaten gekreuzigt und starb.
Am **Ostersonntag** verkündeten Engel am leeren Grab, dass Jesus von den Toten auferstanden sei.
Die Christen glauben daran, dass der Tod nicht das Ende ist.
Sie sind überzeugt davon, dass Jesus stellvertretend für alle gestorben und zu einem neuen Leben bei Gott auferstanden ist.
Deshalb ist für Christen Ostern ein Fest des Lebens.
Übrigens: Der Termin, wann man Ostern feiert, wechselt von Jahr zu Jahr.